AF297877

LETTRE.

DE MONSIEVR
LE MARESCHAL DE
LESDIGVIERES,

Enuoyee le neufiefme Decembre 1620.
Aux rebelles du pays de Bearn.

*Sur les Assemblées par eux faictes
contre le service du Roy.*

A PARIS,

Suiuant la coppie imprimee à Bour-
deaux par Iacques Chaſtaignier,
demeurant pres le Palais.

M. DC. XX.

LETTRE DE MONSIEVR

le Mareschal de Lesdiguieres en-
uoyee le neufiesme Decembre 1620.
Aux rebelles du pays de Bearn, sur
les Assemblees par eux faites contre
le seruice du Roy.

MESSIEVRS,

Ayant sçeu de bonne part que depuis le parte-
mét du Roy, des vos quartiers, vous ne vouliez laisser (contre tout res-
pect & obeissance que vous deuez a sa Maiesté) de continuer en vostre opiniastreté, & que mesmement vous faites iournellement en diuers

A ij

lieux, des assemblees particulieres
de quelques personnes de quali-
té, ne sçachant toutesfois à quel
suiect vous le faites; mais vous
donnant aduis sur cela, à celle fin
d'oster la mauuaise opinion que
l'on pourroit conceuoir de vous,
(& comme aussi vous en donneriez
vn tres veritable subiect) de vous
departir d'icelles, & ne continuer
cesdites Assemblees, car ie vous asseure que si vous y perseuerez enco-
re, & que ie puisse sçauoir quelle est
la moindre de vos volontez contre
l'obeissance & le seruice que vous
deuez tres-legitimement au Roy, ie
ne manqueray d'en donner aduis à
sa Majesté, & sur le moindre comã-
dement qu'elle luy plaira me faire
de m'acheminer vers vous, ie seray
l'vn des premiers qui prendra les ar-

mes en main pour aller chaſtier &
punir voſtre des-obeiſſance, & faire cognoiſtre à vos deſpens le pou-
uoir & l'authorité du Roy.

C'eſt pourquoy, meſſieurs, ie vous
ſupplie de vous departir deſ ceſdi-
tes aſſemblees, & de ne donner au-
cun ſubiect de meſcontentement à
ſa Majeſté, car autrement vous donneriez occaſion à ladite Majeſté de
rerirer ſa clemence dont elle a vſé
enuers vous par le paſſé, fuyez ie
vous ſupplie les iuſtes chaſtiments
que vous pourriez encourir, par vos
des-obeiſſances enuers elle.

Sçachez que vous & moy ſom-
mes tous eſtroittement obligez par
les loix diuines & humaines, d'hono-
rer, reſpecter, & obeir à noſtre Roy,
& qu'il faut que les commande-
mens & Ordonnances nous ſoient

d'vne telle recommandation que
nul ne les doit enfraindre sur peine
d'encourir punition de la vengean-
ce Diuine.

C'est à quoy ie vous prie de re-
chef de penser, & considerer , que
si vous continuez telles assemblees
& rebellions, les peines que vous
pouuez encourir, & à vostre subjet
plusieurs autres Corps, qui ne pour-
roient mais de vos affaires particulieres.

I'ay prié à ce sujet le sieur de la
Berteliere, Gentil-homme que i'af-
fectionne fort, present porteur , de
vous communiquer la presente , &
de s'employer au plus qu'il luy sera
possible, de vous faire recognoistre
le deuoir & l'obeissance que vous
deuez au Roy, & en ce faisant vous

feray cognoiſtre que vous aurez en moy,

MESSIEVRS,

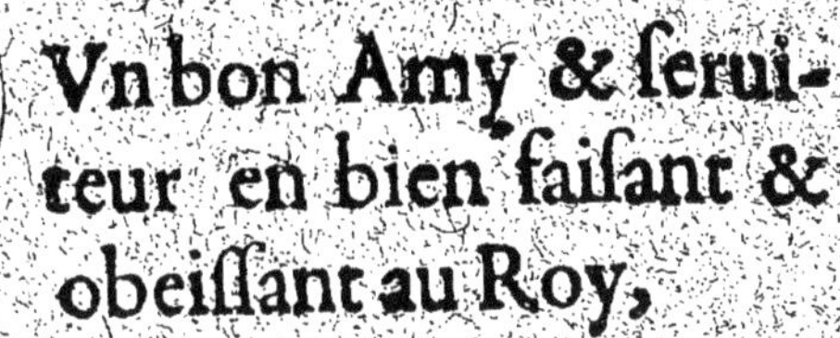

Vn bon Amy & ſerui-
teur en bien faiſant &
obeiſſant au Roy,

DE LESDIGVIERES.

De Grenoble ce 9. Decembre 1620.

AV LECTEVR.

L A coppie de ceste lettre m'eſtant tombee entre les mains i'ay creu qu'il n'eſtoit mal ſeant de la faire voir au public, pour luy faire cognoiſtre le grand zele qu'a monſieur le Mareſchal de Leſdiguieres, a l'obſeruation des commandemés du Roy, bien qu'il ſoit neceſſaire de faire cognoiſtre dauantage ſa fide-lité au ſeruice de la Couronne, que l'eſtime que le feu Roy que Dieu abſolue, & noſtre tres-iuſte & vi-ctorieux Monarque à preſent re-gnant, ont faite de ſa perſonne, & d'autre part, comme ce qui ſe paſſe au preiudice des Ordonnan-

ces

ces de sa Maiesté, n'est approu-
ué de tous ceux de leur Religion,
& principalement des plus
grands qui ont le seruice du
Roy en plus grande recommandation qu'eux , n'ayant iamais
voulu consentir à tout ce qui
s'est passé par cy deuant audict
pays de Bearn, contre ledit Ar-
rest & mandement du Roy,
ausquels ils n'ont iamais voulu
obeyr que lors que sadite Maiesté s'est transportee sur les lieux,
pour establir les Ecclesiastiques
en leurs biens & dignitez vsur-
pees depuis plus de cinquante
ans en ça, & empescher le seruice
diuin en ces Eglises Catholiques
dudit pays.

Car bien que Monsieur de
Lesdiguieres soit de la Religion

Pretenduë Reformée, comme
sont les rebelles dudit pays de
Bearn, ils monstrent toutesfois
estre fort differends de volonté
en ce qui concerne le seruice du
Roy, d'autant qu'il ne se trouue-
ra point qu'il ait iamais desobey
à la volonté & commandement
de sadite Maiesté, au contraire
de ceux dudit pays de Bearn,
lesquels sans doutes'ils ne se di-
uertissent des prattiques secret-
tes & intelligences particulieres
qu'ils exercent iournellement,
& n'obeissent aux commande-
mens de sadite Maiesté, faisant
diuerses assemblees sans son con-
sentement, ie m'asseure que mó-
dit sieur le Mareschal de Lesdiguieres sera (sous le bon plaisir du
Roy) l'vn des premiers qui se

tranſportera en ces quartiers là,
pour faire rendre par force l'o-
beiſſance & le reſpect qu'ils doi-
uent à ſadite Maieſté, comme à
leur Prince naturel & legitime
heritier de ce grand HENRY
quatrieſme ſon feu pere, tant de
ſa valleur & de ſa clemence, que
de ſon royaume.

FIN.

[illegible]
[illegible]
[illegible]
[illegible]
[illegible]
[illegible]
[illegible]
[illegible]

9 782019 988944